BUONISSIME INSALATE DI FRUTTA PER PRINCIPIANTI

100 ricette nutrienti di insalate e macedonia di frutta

ANTONELLA BOI

Sommario

INTRODUZIONE

Le macedonie sono estremamente nutrienti. Lanciare vari frutti in una grande ciotola può essere così semplice. Non c'è niente di meglio di così. Ho usato questa insalata come piatto veloce da portare a un potluck o come regalo da portare con te quando sei un ospite a cena. È un piatto molto versatile che chiunque può mangiare, ed è particolarmente buono per i vegetariani!

Le insalate in generale possono avere un impatto positivo sulla salute. Tuttavia, includendo queste prelibatezze come parte regolare della dieta, le persone possono migliorare significativamente la qualità della salute della loro dieta. Le macedonie possono essere preparate con qualsiasi tipo di frutta e forniscono un modo gustoso e salutare per promuovere uno stile di vita più sano.

Uno dei motivi per cui le persone dovrebbero mangiare di più di questo tipo di insalata è perdere peso. Inoltre, le persone guadagnano energia quando consumano il numero raccomandato di frutta. Questa energia extra può aiutare a motivare una persona a fare esercizio più frequentemente. Se combinate con l'esercizio, le macedonie possono ridurre l'accumulo di grasso malsano nel corpo.

Le persone possono abbassare i livelli ematici di sodio e colesterolo dannosi includendo queste insalate nella loro dieta. Sia il sodio che il colesterolo sono stati collegati a rischi per la salute se consumati in grandi quantità per un lungo periodo. Pertanto, il consumo di macedonie è un modo per controllare i livelli di sodio e colesterolo.

Le macedonie sono un ottimo modo per promuovere la salute del cuore. Aumento dell'energia, esercizio fisico e colesterolo più basso sono misure preventive per le malattie cardiache. Le macedonie possono anche aiutare a prevenire lo sviluppo di vari tipi di cellule tumorali nel corpo. Le malattie cardiache e il cancro sono i principali problemi di salute che gli americani devono affrontare oggi e possono essere evitati mangiando macedonie.

RICETTE DI INSALATA DI FRUTTA

1. Insalata di pollo con cous cous

Ingredienti per 4 porzioni

- 200 g di cous cous
- 1 cipolla rossa tagliata finemente
- 250 g di petto di pollo

- 1 burro
- 2 miele
- 0,5 cucchiaini di cumino misto
- 0,5 cucchiaini di cardamomo
- 150 ml di yogurt magro
- 100 g di noci tritate grossolanamente
- 1 dose di pezzetti di pesca
- 1 sale base

preparazione

1. Preparare il cous cous secondo le istruzioni sulla confezione. Lavate il petto di pollo, asciugatelo, conditelo con sale e pepe e tagliatelo a listarelle.
2. Scaldare il burro e soffriggere la cipolla con le striscioline di pollo. Scolare le pesche e tagliarle a cubetti.
3. Mescolare lo yogurt con le spezie, il miele, le noci e il couscous, le cipolle e le strisce di pollo. Infine incorporare i pezzetti di pesca.

2. Macedonia di frutta tiepida

Ingredienti per 4 porzioni

- 10 pezzi di fichi secchi
- cucchiai di uva sultanina
- 300 ml di vino bianco
- 1 cucchiaino di cannella
- 1 goccio di succo di limone
- 4 g di zucchero
- 4 mele

preparazione

1. Mettere in una casseruola le mele, i fichi e l'uvetta con il vino e coprire il tutto con acqua.

2. Aggiungete la cannella, il limone e lo zucchero e fate cuocere il tutto insieme per un breve tempo. Ma, naturalmente, le mele devono essere ancora sode al morso.
3. Sistemate il tutto in una ciotola e buon appetito.

3. Macedonia di frutta

Ingredienti per 4 porzioni

- 2 pezzi di kiwi
- 2 pezzi di arance
- 1 pezzo di mango
- 1 pz zenzero (2 cm)
- 2 cucchiai di miele
- 5 cucchiai di succo di mela

preparazione

1. Sbucciare e sfilettare l'arancia, sbucciare il kiwi e il mango e tagliarli a pezzetti.

2. Mondate lo zenzero, tagliatelo a cubetti e fatelo rosolare con il miele in padella per qualche minuto. Sfumare con il succo di mela e versare sopra la frutta. Lasciare in infusione brevemente.

4. Insalata di frutta con asparagi verdi

Ingredienti per 2 porzioni

- 5 pezzi di asparagi verdi (bastoncini sottili)
- 4 pezzi di fragole
- 1 pezzo di arancia
- 0,25 pezzi di ananas
- 1 pezzo di kiwi
- 1 pezzo di mela (piccola)

- 0,5 pezzi di banana
- 1 pezzo di limone
- 2 cucchiai di olio d'oliva delicato
- 1 pz lime (succo + scorza per la marinata)
- 1 pz arancia (succo + buccia per la marinata)
- 1 rametto di melissa

preparazione

1. Lavare gli asparagi verdi, tagliarli a metà nel senso della lunghezza e nel senso della croce in ca. 2 cm. Lavate le fragole, privatele del gambo e tagliatele a fettine. Sbucciare, tagliare in quarti e affettare il kiwi.

2. Sbucciare e tagliare in quarti l'ananas, togliere il gambo, tagliare un quarto a cubetti, utilizzare il resto per altri scopi.

3. Sbucciare e sfilettare l'arancia, raccogliere il succo fuoriuscito e usarlo per il condimento. Spremere il limone. Lavate la mela, tagliatela a metà, privatela del torsolo, tagliatela a spicchi e irrorate subito con metà del succo di limone spremuto (in modo che non diventi marrone).

4. Sbucciate la banana e tagliatela a fette, irrorate anche con il restante succo di limone.

5. Mescolare un condimento dal succo di lime e arancia, la buccia (ciascuna metà dei due frutti) e l'olio d'oliva.
6. Mettere in una ciotola la frutta preparata con gli asparagi e incorporare con cura il condimento. Guarnire con foglie di melissa.

5. Macedonia di frutta con crema di cocco

Ingredienti per 4 porzioni

- 1 pz di melone di zucchero
- 2 pezzi di banane
- 3 pezzi di kiwi
- 1 pz ananas
- 250 ml di panna montata
- 2 cucchiai di zucchero semolato
- 100 ml di latte di cocco

preparazione

1. Le banane, il melone zuccherato, i kiwi e gli ananas vengono sbucciati e anche il melone zuccherato viene snocciolato. Quindi la frutta viene tagliata a cubetti.
2. La panna montata a neve con un mixer, lo zucchero e il latte di cocco vengono gradualmente incorporati.
3. Questo crea una crema liscia, ma la panna montata non va sbattuta troppo a lungo, per un massimo di 2 minuti.
4. Infine, la frutta viene distribuita in ciotoline da dessert e ricoperta di crema di cocco.

6. Insalata Di Frutta Simone

Ingredienti per 4 porzioni

- 1 pezzo di melone
- 1 pezzo di kiwi
- 1 pezzo di banana
- 5 pezzi di mirtilli
- 5 pezzi di lamponi
- 3 pezzi di fragola

Ingredienti per la marinata

- 1 pezzo di limone (succo)
- 1 cucchiaio di zucchero
- 1 pizzico di zenzero in polvere

preparazione

1. Mondate il melone e privatelo del torsolo e con un tagliapalle ritagliate la polpa per ottenere delle belle palline di melone. Quindi, sbucciate il kiwi e tagliatelo a pezzi.

2. Lavare e scolare i mirtilli e i lamponi, lavare le fragole, eliminare le verdure, dividere a metà o tagliare a fette. Sbucciare e affettare la banana.

3. Metti tutta la frutta in una ciotola, mescola con lo zucchero, il succo di limone e lo zenzero in polvere. Lasciate marinare per 30 minuti, dividete nei bicchieri e servite freddo.

7. Macedonia di frutta con miele

Ingredienti per 6 porzioni

- 3 pezzi di banane
- 250 g di fragole
- 100 g di uva senza semi blu
- 100 g di uva bianca senza semi
- 2 pezzi di arance
- 2 pezzi di kiwi
- 1 pezzo di mela
- 1 pezzo di pera
- 1 pz limone
- 5 cucchiai di miele

preparazione

1. Sbucciare le banane, le arance e i kiwi, lavare le fragole, eliminare le verdure e tagliare la frutta a pezzetti.
2. Lavate l'uva, tagliatela a metà e aggiungetela al resto della frutta. Tagliare le mele e le pere a spicchi, togliere il torsolo e tagliarle a cubetti e unirle all'altra frutta.
3. Marinare con succo di limone e miele.

8. Riso alle fragole su insalata di frutta

Ingredienti per 2 porzioni

- 500 g di frutta fresca (a piacere)
- 0,5 tazze di panna montata
- 3 cucchiai di fragole Mövenpick
- 5 gocce di succo di limone

preparazione

1. Lavate, mondate e tagliate a cubetti la frutta, adagiatela su un piatto e bagnatela con il succo di limone.
2. Mettere il gelato alla fragola sulla macedonia.
3. Guarnire con panna montata e coni gelato.

9. Macedonia di frutta con avocado e yogurt

ingredienti

- 1 mela
- 1 avocado
- 1/2 mango
- 40 g di fragole
- 1/2 limone
- 1 cucchiaio di miele
- 125 g di yogurt naturale
- 2-3 cucchiai di scaglie di mandorle

preparazione

1. Per prima cosa, per la macedonia con avocado e yogurt, lavate la mela, privatela del torsolo e tagliatela a dadini. Quindi, privare del torsolo l'avocado e il mango e anche tagliarli a cubetti. Lavate le fragole e tagliatele a metà. Infine, apri il limone ed estrai il succo dalla metà.

2. Amalgamare bene lo yogurt naturale e il miele. Versare gli ingredienti tagliati in una ciotola più grande e incorporare il composto di miele e yogurt. La macedonia con avocado e yogurt, spolverizzare con le mandorle e servire.

10. Macedonia di frutta con fragole, melone e mozzarella

ingredienti

- 1/2 melone melata
- 1/4 di anguria
- 250 g di fragole
- 2 confezioni di mini mozzarella
- 1/2 mazzetto di menta
- 1/2 mazzetto di basilico
- 1 arancia
- alcuni sciroppi d'acero

preparazione

1. Per la macedonia con fragole, melone e mozzarella, togliere prima la pelle e i noccioli

ai meloni e tagliarne la polpa a dadini. Successivamente, lavare le fragole, eliminare il verde e tagliare le fragole a metà nel senso della lunghezza. Quindi, cogliete la menta e il basilico. Tritare finemente la menta. Scolate bene le mozzarelle.

2. Spremere il succo d'arancia e mescolare con un po' di sciroppo d'acero.

3. Mescolare tutti gli ingredienti tranne il basilico in una ciotola capiente.

4. Porzionare la macedonia con fragole, melone e mozzarella e servire guarnita con basilico.

11. Macedonia di frutta nel bicchiere con gelato e biscotti di frolla

ingredienti

- 200 g di lamponi
- 4 gelato alla vaniglia
- 2 frutti della passione
- 15 biscotti di pasta frolla
- 1 cucchiaino di zucchero a velo
- 10 foglie di menta

preparazione

1. Rompete i frollini in grossi pezzi per la macedonia nel bicchiere con ghiaccio e divideteli in 4 bicchieri. Mescolare i lamponi

con la polpa del frutto della passione e lo zucchero a velo.

2. Adagiare una pallina di gelato alla vaniglia sopra la frolla e guarnire la macedonia nel bicchiere con i lamponi e un po' di menta.

12. Macedonia di frutta con melone, mirtilli e formaggio di pecora

ingredienti

- 1/4 di anguria
- 1/4 di melone
- 1/4 di melone di zucchero
- 100 g di mirtilli
- 5 chicchi di caffè (macinato)
- 100 g di formaggio di pecora (o di capra)
- 10 foglie di menta
- 1 cucchiaio di miele

preparazione

1. Sbucciare i meloni per la macedonia con melone, mirtilli e pecorino e tagliarli a cubetti grandi.
2. Mescolare con i mirtilli e stendere su un piatto.
3. Spalmate il caffè macinato sui meloni. Tagliate il formaggio a listarelle sottili e disponetelo sull'insalata di melone.
4. La macedonia condita con un po' di miele e guarnita con la menta.

13. Macedonia di frutta con avocado, lamponi e

noci

ingredienti

- 2 avocado
- 150 ml di panna montata
- 1/4 limone (succo)
- 50 grammi di zucchero
- 200 g di lamponi
- 2 cucchiai di mix di noci miste
- 2 lime
- 1 cucchiaio di zucchero a velo

preparazione

1. Sbucciate e private del torsolo l'avocado e i lamponi per la macedonia con l'avocado e tagliateli a cubetti.
2. Frullare insieme al succo di limone e allo zucchero. Sbattere la panna montata fino a che non si rassoda e incorporare gli avocado.
3. Sbucciare i lime e ritagliare la polpa tra le membrane bianche di separazione. Mescolare con i lamponi lavati e lo zucchero a velo.
4. Dividere in quattro bicchieri e cospargere con il mix di pista tritato grossolanamente.
5. Guarnire la macedonia con crema di avocado e lamponi.

14. Macedonia di frutta grigliata con fragole, ananas, fichi e pompelmo

ingredienti

- 2 fichi
- 4 fragole
- 2 prugne (gialle, boccoli)
- 1 mandarino
- 1 pompelmo rubino
- 1/4 di ananas
- 1 cucchiaino di zucchero a velo
- 1 cucchiaio di succo di limone
- 2 cucchiai di pistacchi (tritati)
- 3 cucchiai di olio di semi d'uva

preparazione

1. Per la macedonia grigliata, preparate prima il condimento. Quindi, mescolare lo zucchero a velo, il succo di limone, l'olio di semi d'uva e i pistacchi.
2. Tagliate a metà le fragole e i fichi. Tagliate l'ananas a spicchi sottili e il resto della frutta a pezzi grossi.
3. Spennellare tutta la frutta con un po' di olio di semi d'uva.
4. Grigliate la frutta in una padella o su tutti i lati fino a quando la frutta non avrà assunto un bel colore scuro.
5. Quindi disporre la frutta su un piatto e condire con il condimento.
6. Servire la macedonia grigliata ancora calda.

15. Macedonia di frutta al forno con un colpo

ingredienti

- 1 pesca
- 1 mela
- 1/4 di ananas
- 1 banana
- 20 g di uva
- 20 g di lamponi
- 1/2 arancia (succo)
- 1/2 limone
- 1 baccello di vaniglia (polpa)
- 4 uova
- 1 cucchiaio di miele

- 2 cucchiai di rum
- 1 cucchiaio di liquore all'arancia

preparazione

1. Per la macedonia gratinata con uno shot, preparate prima la frutta. Per fare questo, lavare la pesca e la mela, togliere il nocciolo e tagliarle a cubetti. Quindi, sbucciate l'ananas, privatelo del gambo e tagliatelo a cubetti, eliminate la buccia della banana e tagliatela a fette. Successivamente, lavare l'uva e i lamponi, tagliare a metà l'arancia e il limone e spremere. Infine, tagliate il baccello di vaniglia nel senso della lunghezza e raschiatene la polpa.

2. Mescolare i tuorli con il miele, la polpa di vaniglia, il rum, il liquore all'arancia e il succo di arancia e limone. Montare gli albumi a neve ferma e incorporarli al composto di tuorli. Riempire la frutta tagliata in stampini ignifughi, ricoprire con la massa di neve e cuocere in forno a 180° (convezione) per circa 10 minuti.

3. Fate raffreddare brevemente la macedonia gratinata e servitela.

16. Macedonia di frutta tropicale piña colada

ingredienti

- 1/2 ananas
- 1 banana
- 1 mela
- 1/2 melone di zucchero (in alternativa melone melata)
- 50 ml di latte di cocco (dalla lattina)
- 30 ml di succo di ananas
- 2-3 cucchiai di liquore al cocco
- 2-3 cucchiai di cocco essiccato
- 1 bicchierino di rum (bianco)

preparazione

1. Per prima cosa, preparate tutti gli ingredienti per la macedonia di frutta tropicale piña colada. Mondate l'ananas, privatelo del gambo e tagliatelo a cubetti. Successivamente, sbucciate e affettate la banana, lavate la mela, privatela del torsolo e tagliatela a dadini. Infine, mondate il melone, privatelo della buccia e dei semi e tagliatelo a pezzetti.

2. Mescolare il latte di cocco con il succo di limone e ananas, il liquore al cocco, il cocco essiccato e un goccio di rum.

3. Mettere i pezzi di frutta tagliati in una ciotola più grande, aggiungere il composto di piña colada e mescolare bene. Dividere la macedonia di frutta tropicale piña colada in ciotoline e servire.

17. Macedonia di frutta al forno

ingredienti

- 1 pesca
- 1/4 di ananas
- 20 lamponi
- 1 mandarino
- 10 physalis
- 2 mele
- 1 cucchiaino di miele
- 1 baccello di vaniglia (polpa)
- 4 albumi
- 100 g di zucchero

preparazione

1. Per la macedonia al forno, montare a neve ferma gli albumi con lo zucchero.
2. Tagliate la frutta a cubetti e mescolatela con il miele e la polpa di vaniglia. Dividere in quattro forme da crostata e spalmare sopra gli albumi.
3. Infornate a 120°C per circa 60 minuti.
4. Sfornate la macedonia al forno, fatela raffreddare brevemente e servitela subito.

18. Macedonia di cicoria

ingredienti

- 500 g di cicoria
- 200 g di petto di tacchino (affumicato)
- 4 pezzi di arancia
- 3 pezzi di banane
- 150 g di erbe aromatiche légère
- 150 g di yogurt
- 2-3 cucchiai di succo di limone
- sale
- Pepe (bianco)
- zucchero
- 40 g di noci

preparazione

1. Per la macedonia di cicoria, lavare la cicoria, asciugarla e tagliarla a metà. Tagliare le punte superiori delle foglie, ritagliare il gambo a forma di spicchio e tagliarlo a fettine sottili. Tagliate il petto di tacchino a listarelle sottili e mescolatelo alla cicoria.

2. Sbucciare 3 arance abbastanza spesse da eliminare la buccia bianca, ritagliare i filetti di frutta e unirli alla cicoria, raccogliendo il succo. Successivamente, sbucciate e affettate le banane e mescolatele alla macedonia di cicoria.

3. Spremere l'ultima arancia. Mescolare il brunch e lo yogurt fino a ottenere un composto liscio, mescolare con il succo di arancia e limone. Condire a piacere con sale, pepe e zucchero.

4. Versare il condimento sulla macedonia di cicoria. Tritare grossolanamente le noci e cospargerle sopra. Far raffreddare per circa 1 ora prima di servire.

19. Insalata di kiwi

ingredienti

- 4 pezzi di kiwi
- 500 g uva (dimezzata)
- 4 pere
- 8 cucchiai di miele
- 1 pz limone (succo)
- qualche foglia di menta

preparazione

1. Per l'insalata di kiwi, sbucciate i kiwi, tagliateli a metà e tagliateli a fette. Successivamente, lavare l'uva, tagliarla a

metà ed eliminare i semi. Infine, sbucciate le pere, tagliatele a metà, privatele del budello e tagliatele anche a fettine.

2. Amalgamare delicatamente la frutta.

3. Unire il succo di limone al miele e versarlo sulla macedonia. Guarnire con qualche fogliolina di menta piperita.

20. Insalata di noodle alla frutta

ingredienti

- 250-300 g di pasta (es. fusilli)
- 120 g di mirtilli
- 150 g uva (senza semi)
- 1 mela (acida)
- 1 nettarina (in alternativa pesca)
- 1 banana
- 1 baccello di vaniglia (polpa)
- 1/2 limone (succo)
- 5-6 foglie di menta (fresche)
- 1 pizzico di cannella (macinata)
- 1 cucchiaio di miele

preparazione

1. Per l'insalata di pasta alla frutta, portare a bollore l'acqua in una pentola capiente, salare e farvi cuocere la pasta (es. penne) al dente.

2. Nel frattempo, preparate gli altri ingredienti per l'insalata. Lavate i mirtilli, l'uva, le mele e la nettarina e asciugateli. Tagliare a metà l'uva, togliere il torsolo e tagliare a dadini le nettarine e la mela. Sbucciare e affettare la banana. Tagliare il baccello di vaniglia nel senso della lunghezza, raschiare la polpa, tagliare a metà il limone e strizzarlo. Staccare le foglie di menta dai gambi e tritarle finemente.

3. Scolate la pasta cotta, sciacquatela e fatela raffreddare un po'. Quindi, in una ciotola più grande, mescolare la pasta con la frutta, la polpa di vaniglia, la cannella, il succo di limone, la menta e un cucchiaio di miele. L'insalata di pasta alla frutta può essere servita subito.

21. Insalata di kiwi dorati con ananas e yogurt

ingredienti

Per l'insalata:

- 1 ananas (sbucciato, privato del gambo, tagliato a barrette)
- 3 kiwi dorati (sbucciati, tagliati a spicchi)
- 60 g di noci brasiliane (tritate grossolanamente)

Per il condimento:

- 200 g yogurt (greco)
- 3 cucchiai di olio d'oliva
- 1/2 limone (succo e scorza)
- sale marino

- Pepe (dal mulino)
- Timo (per guarnire)

preparazione

1. Per l'insalata di kiwi golden con ananas e yogurt, mescolare bene tutti gli ingredienti per il condimento e condire con sale e pepe.
2. Grigliare i pezzi di ananas in una padella senza grassi per l'insalata. Disporre sui piatti insieme alle fette di kiwi.
3. Condire la frutta con il condimento e guarnire l'insalata di kiwi golden con ananas e yogurt con noci brasiliane e timo.

22. Ghiacciolo fruttato

ingredienti

- 1 kiwi
- 1 pacchetto di fragole
- 1 bustina di mirtilli
- 1/2 mango
- sciroppo di sambuco
- Acqua (a seconda del gusto e della grandezza degli stampini)

preparazione

1. Per prima cosa, prepara le forme dei ghiaccioli (risciacqua se necessario) per i ghiaccioli alla frutta e tieni a portata di mano i coperchi o i bastoncini di legno.
2. Sbucciare il kiwi e tagliarlo a fette. Lavate e mondate le fragole e tagliatele a cubetti. Successivamente, lavare e selezionare i mirtilli. Infine, sbucciate il mango e tagliatelo a striscioline.
3. Distribuire la frutta sugli stampini per gelato. Riempi bene. Diluire lo sciroppo di sambuco con acqua a seconda dei gusti. Versare il succo di sambuco sugli stampini. Inserisci un coperchio o delle bacchette.
4. Congelare in congelatore per diverse ore o durante la notte. Il ghiacciolo fruttato viene rilasciato al meglio dallo stampo immergendo gli stampi in acqua tiepida.

23. Insalata di pomelo al mandarino flambé

ingredienti

- 4-6 mandarini (senza semi, in alternativa ca. 300-400 g satsuma o clementine)
- 1 pomelo (o 2 pompelmi rosa)
- 1 banana
- 2 lime (non spruzzato)
- 2-3 cucchiai di miele (riscaldato)
- Uvetta (ammollata nella grappa o nel rum, a piacere)
- 4 cucchiai di noci
- 6 cucchiai di rum (alta percentuale o cognac ecc. al flambé)

preparazione

1. Per l'insalata di pomelo flambé di mandarini, sbucciare i mandarini, allentarli a spicchi e togliere loro la pelle il più lontano possibile, o almeno i fili bianchi. Mondate anche il pomelo, dividetelo a spicchi e privateli della pelle. (Le crepe possono rompersi.) Metti i mandarini e il pomelo in una ciotola con il succo fuoriuscito. Lavare bene i lime e strofinare la buccia direttamente sui mandarini su una grattugia. Mescolare delicatamente.

2. Spremere i lime. Ora sbucciate la banana, tagliatela a fette e irrorate subito con un po' di succo di lime. Disporre in modo decorativo sui piatti con i mandarini marinati.

3. Mescolare il restante succo di lime con il miele caldo e irrorare sull'insalata. Tritate grossolanamente le noci e fatele tostare brevemente in una padella non unta. Mescolare a piacere con l'uvetta imbevuta e cospargere l'insalata. Versarvi sopra dell'alcol e accendere. L'insalata flambé di mandarini e pomelo si sposa bene con una

croccante pasta frolla, cantucci all'italiana o savoiardi.

24. Ciotola fatta con pasta per biscotti

ingredienti

- 500 g di farina (regolare la quantità in base alla consistenza)
- 1 cucchiaino di bicarbonato di sodio
- 1 cucchiaino di sale
- 300 g di cioccolato
- 250 g burro (morbido)
- 135 g di zucchero (di canna)
- 190 g di zucchero semolato
- 1 bustina di zucchero vanigliato
- 2 uova

preparazione

1. Per prima cosa, preriscalda il forno a 190 ° C per la ciotola della pasta biscotto.

2. Mescolare la farina, il bicarbonato e il sale e mettere da parte. Tritare il cioccolato.

3. Sbattere il burro, i due tipi di zucchero e lo zucchero vanigliato fino a ottenere una crema. Aggiungere le uova una ad una e incorporare bene ogni volta. Incorporate il composto di farina e i pezzi di cioccolato alternativamente a porzioni fino a ottenere una consistenza che può essere stesa. L'impasto non deve essere troppo friabile per essere modellato facilmente in seguito. Impastate, avvolgete nella pellicola e mettete in frigo per mezz'ora.

4. Nel frattempo, ungete con il burro il fondo di una teglia da muffin.

5. Stendete la pasta. Ritaglia dei cerchi più grandi degli stampini per cupcake. Posiziona con cura il cerchio di pasta sopra un rigonfiamento nella teglia per muffin e premilo. Lascia sempre una sporgenza tra i gusci dei biscotti.

6. Cuocere la ciotola della pasta biscotto per circa 10 minuti. Sfornate e fate raffreddare

(questo li renderà solidi). Togliere con cura dagli stampini per muffin.

25. Crocchette di castagne dolci

ingredienti

- 500 g castagne (sbucciate)
- 250 ml di latte
- 90 g briciole di biscotti (o frollini tritati)
- 1 cucchiaino di scorza d'arancia (da un'arancia biologica non trattata)
- 1 cucchiaino di scorza di limone (da un limone biologico non trattato)
- 150 g di burro
- 2 uova

- 70 g briciole di biscotti (per impanare)
- 1 cucchiaino di polpa di vaniglia
- 1 cucchiaino di zucchero
- Olio per friggere)
- Zucchero semolato (per spolverizzare)

preparazione

1. Lessate le castagne in acqua per 20 minuti finché non saranno morbide, scolatele e passatele per crocchette di castagne.
2. In una ciotola mescolare il latte con la scorza di arancia e limone, le briciole, lo zucchero e la polpa di vaniglia, scaldare lentamente e poi incorporare la purea di castagne.
3. Sbattere un uovo, sbattere e unire al composto di castagne.
4. Utilizzare una sac à poche per iniettare dei bastoncini lunghi 3 cm e lasciarli raffreddare. Quindi, usa le mani bagnate per modellare crocchette o palline delle dimensioni di una noce dai bastoncini.

5. Sbattere il secondo uovo e aggiustare di sale.
6. Immergere le crocchette, rigirarle nei biscotti e friggerle in olio caldo a 180°C.
7. Scolare le crocchette finite dall'olio con un mestolo forato e farle scolare su un foglio di carta da cucina.
8. Spolverizzate le crocchette di castagne con zucchero semolato prima di servire.

27. Macedonia di frutta con liquori

ingredienti

- 1 banana
- 4 albicocche
- 1 pesca
- 15 uva
- 1 arancia (succo)
- 2 CUCCHIAI. Liquore al sambuco

preparazione

1. Per la macedonia con l'acquavite, prima tagliate a pezzi la frutta, spremete l'arancia e aggiungete il succo, aggiungete il liquore di sambuco, mescolate bene. Raffreddare per circa 60 minuti.

2. Quindi dividere la macedonia con l'acquavite in ciotole e servire.

28. Macedonia di frutta con cannella

ingredienti

- 1 tazza di yogurt naturale (1,5%)
- 1 cucchiaino di cannella
- 1 cucchiaino di miele
- 2 cucchiai di farina d'avena

- 2 cucchiai di fiocchi di mais
- 1 mela
- 1 banana
- 1 manciata d'uva

preparazione

1. Per la macedonia alla cannella, togliere il torsolo alla mela e tagliarla a pezzetti. Tagliate poi la banana a fettine.
2. Dimezzare e detorsolare l'uva. Mescolare lo yogurt con la cannella e il miele e mescolare con la frutta tagliata in una ciotola.
3. Spargere sopra i fiocchi e gustare la macedonia con la cannella.

29. macedonia di frutta

ingredienti

- 1 banana
- 1 mela
- un po' di uvetta
- 10 fragole
- Scaglie di cioccolato (per guarnire)

preparazione

1. Tagliare la banana, la mela e le fragole a pezzetti per la macedonia.
2. Mettere in una ciotola l'uvetta e la frutta e guarnire con le gocce di cioccolato.

30. Macedonia di frutta esotica

ingredienti

- 1/2 melograno
- 1/2 pz. Mango
- 1 pezzo. Cachi
- 200 g di papaia
- 1 pezzo di banana

preparazione

1. Spremete il melograno e mettete il succo ei semi in una ciotola per la macedonia di frutta esotica. Tagliare a pezzi il mango, il cachi, la papaia e la banana e mescolare con il melograno.

31. Macedonia di frutta con gelato alla vaniglia

ingredienti

- 2 pezzi di arance
- 2 mele
- 1 pezzo di banana
- 1 limone (succo di esso)
- 1/2 lattina (s) amarene (snocciolate)
- 2 cucchiai di miele
- Rhum 4cl
- 4 gelato alla vaniglia
- 125 ml di panna montata
- 1 manciata di mandorle a scaglie

preparazione

1. Per la macedonia con gelato alla vaniglia, sbucciare l'arancia, le mele e la banana e tagliarle a fettine sottili insieme. Irrorate con il succo di limone.

2. Scolare e aggiungere le amarene. Mescolare il miele con il rum fino a che liscio, versare sopra la frutta e lasciarla in infusione.

3. Distribuire il ghiaccio sui piatti freddi e versarvi sopra la macedonia. Montare la panna montata a neve e decorare con essa la macedonia.

4. Cospargete la superficie delle mandorle a scaglie e servite la macedonia con il gelato alla vaniglia.

32. Macedonia di frutta con un calcio

ingredienti

- 1 pc. arancione
- 150 g di fragole
- 100 g di lamponi
- 1/4 pezzo di melone
- 1 mela
- 100 g di ciliegie
- 1 limone
- 50 grammi di uva
- 40 ml Malibu

preparazione

1. Per la macedonia, eliminate il verde delle fragole e lavatele con i lamponi, le ciliegie e l'uva. Quindi, sbucciate l'arancia e il melone e tagliateli a pezzetti.

2. Tagliate a metà e in quarti le fragole. Sbucciare la mela e tagliarla a pezzetti. Mondate le ciliegie e tagliatele a metà con l'uva. Mescolare la frutta in una ciotola e spremere sopra il limone.

3. Infine, cospargete la macedonia di frutta con Malibu e mescolate bene.

33. Macedonia di frutta con uvetta al rum

ingredienti

- 1 pezzo di banana
- 1 mela
- 1 pc. Mango
- 1 pc. Arancia (succo di essa)
- 4 cucchiai di uvetta al rum
- 1 cucchiaio di miele

preparazione

1. Per la macedonia con uvetta al rum, mondate il mango e privatelo del torsolo. Quindi

sbucciate la banana, tagliatela a metà nel senso della lunghezza e tagliatela a fette.

2. Tagliare in quarti la mela, privarla del torsolo e tagliarla a fettine. Spremere l'arancia. Marinare la frutta con miele e succo d'arancia, mescolare con l'uvetta al rum.

3. Dividere in coppette da dessert e servire la macedonia con l'uvetta al rum ben fredda.

34. Macedonia di frutta con cappello allo

yogurt

ingredienti

- 1 mela
- 1 pc. arancione
- 1 pera
- 50 g di uva
- 500 g yogurt alla fragola (leggero)
- 1 dose di dolcificante liquido
- 4 pezzi di amarene

preparazione

2. Per la macedonia con cappello da yogurt, sbucciare e tagliare la frutta.

3. Sfilettare l'arancia, far bollire 50 ml di acqua con 1 spruzzata di dolcificante. Portare a bollore brevemente la frutta. Drenare.
4. Mescolare lo yogurt alla fragola con i pezzi di frutta, riempire in ciotole e decorare ciascuna con una ciliegina.
5. Servire la macedonia con una cuffia di yogurt.

35. Macedonia di frutta con yogurt

ingredienti

- 250 g di uva
- 3 pezzi di nettarine
- 250 g di yogurt naturale
- Mirtilli (a piacere)

preparazione

1. Per la macedonia, lavare l'uva e le nettarine e poi tagliare le nettarine a pezzi. Quindi, mettere in una ciotola e aggiungere l'uva.

2. Mescolare bene e versare in ciotoline, guarnire con lo yogurt naturale e aggiungere i mirtilli rossi a piacere.

36. Macedonia di frutta con camembert

ingredienti

- 1/2 pezzo di melone di zucchero
- 2 fetta (e) di anguria
- 2 pezzi di arancia
- 2 pezzi Kiwi (giallo)
- 4 fette (s) di camembert
- sale
- 2 cucchiai di olio
- 2 cucchiai di aceto di vino bianco
- Pepe (bianco)

preparazione

1. Per la macedonia con il camembert, lavate bene un'arancia, privatela della buccia con la scorza, tagliate l'arancia a metà e strizzatela. Conserva il succo per la marinata.

2. Sbucciare e sfilettare la seconda arancia in modo denso. Sbucciare il kiwi e tagliarlo a pezzi. Tira fuori dai meloni palline di diverse dimensioni con un tagliapalle.

3. Disporre tutta la frutta su un piatto, adagiare sopra il camembert e versarvi sopra una marinata di aceto, olio, sale, pepe bianco e scorza d'arancia.

37. Macedonia di frutta con semi di girasole

ingredienti

- 2 ananas per bambini
- 1 mela
- 1 pera
- 2 cucchiai di limone (succo)
- 2 banane
- 1 kiwi (possibilmente 2)
- 6 cucchiai di succo d'arancia
- 2 cucchiai di salsa di cocco
- 2 cucchiai di semi di girasole

preparazione

1. Per la macedonia con semi di girasole, mondate l'ananas, privatelo della pelle e tagliatelo a fette di circa 1/2 cm di spessore.
2. Eliminate il gambo, tagliate in quarti le fette e mettetele in una ciotola abbastanza capiente. Mondate la mela e la pera, privatele del torsolo, tagliatele a dadini e mescolate con l'ananas.
3. Irrorare i pezzi di frutta con il succo di un limone, togliere la buccia alle banane e al kiwi, tagliarli a fettine sottili e metterli con cura sotto il resto della frutta.
4. Versare il succo d'arancia e i semi di girasole sull'insalata e servire la macedonia finita con semi di girasole cosparsi di cocco.

38. Macedonia di frutta con salsa allo yogurt

ingredienti

- 500 g di fragole
- 2 cucchiai di zucchero
- 0,5 charantais o melone
- 200 g di prugne pe blu e gialle
- 4 cucchiai di succo di lime (o succo di limone)
- 1 tazza (236 ml) di ananas a fette
- 150 g di yogurt alla crema
- 1 bustina di zucchero vanigliato
- Forse un po' di menta fresca

preparazione

1. Lavate e mondate le fragole e tagliatele a metà o in quarti a seconda della grandezza. Cospargere di zucchero in una teglia. Coprire e disegnare per circa 15 minuti.

2. Sbucciare il melone e tagliarlo a spicchi. Tagliare la carne dalla pelle. Sciacquare le prugne e tagliarle a spicchi dal nocciolo. Irrorare con succo di lime o limone. Mescolare gli ingredienti preparati.

3. Per la salsa di ananas, tagliare a cubetti tranne 1 fetta e macinare con il succo. Unite lo yogurt e lo zucchero vanigliato. Sulla forma della macedonia.

4. Tagliate a cubetti il resto dell'ananas. Tritate la menta se vi piace. Cospargete entrambi sulla lattuga.

39. Macedonia di frutta con salsa allo yogurt

alla vaniglia

ingredienti

Frutta:

- 2 mele
- 1 banana
- Succo di 1/2 limone
- 2 arance

Salsa:

- 1 albume d'uovo
- 2 cucchiai di zucchero
- 1 baccello di vaniglia
- 75 g di yogurt

- 1 tuorlo d'uovo
- 100 g di panna montata

preparazione

1. Tagliate le mele a spicchi, affettate la banana e irrorate con il succo di un limone. Tagliate le arance a pezzetti. Distribuire la frutta in modo uniforme su quattro piatti.

2. Montare a neve ferma l'albume, spolverizzare con lo zucchero per la salsa. Baccello di vaniglia. Raschiare, mescolare con lo yogurt e il tuorlo d'uovo. Montare la panna montata a neve, incorporare con l'albume. Alla forma di frutta.

40. Macedonia di frutta veloce

ingredienti

- 1 mela (media)
- 1 banana
- 1 manciata d'uva
- alcune fragole
- alcune ciliegie (snocciolate)
- 1 lattina (i) di cocktail di frutta
- Limone
- Zucchero di canna (se necessario)

preparazione

1. Per la macedonia veloce, lavare, tagliare e togliere il torsolo alla frutta se necessario. Irrorate le banane con il succo di limone per evitare che diventino marroni.
2. Mettere il tutto in una ciotola con il cocktail di frutta e condire con zucchero di canna e zucchero vanigliato.

41. Frutta tropicale e macedonia con un calcio

ingredienti

- 1/2 ananas
- 1 pezzo di banana
- 12 pezzi di amarene
- 4 cucchiai di sciroppo di granatina
- 4 cucchiai di rum al cocco
- 60 ml di liquore all'uovo

preparazione

1. Sbucciare la banana e tagliarla a fette per la frutta tropicale e la macedonia con un calcio.

Quindi, sbucciate l'ananas, privatelo del gambo e tagliate la polpa a pezzetti.

2. Mescolare i pezzi di ananas e le fette di banana con lo sciroppo di granatina, il rum al cocco e il liquore all'uovo, lasciare marinare per almeno 1 ora.

3. La macedonia di frutta tropicale con una marcia in più da regalare in 4 bei bicchieri e ricoprire con 3 amarene.

42. Macedonia di frutta colorata

ingredienti

- 500 g uva (senza semi)
- 2 mele
- 2 pere
- 2 pezzi Pesca
- 1/2 pezzo di melone di zucchero
- 500 g di fragole
- 2 pezzi di arancia
- 2 pezzi di limone (succo di esso)
- 5 cucchiai di sciroppo di fiori di sambuco
- 4 cucchiai di miele

preparazione

1. Per la macedonia, sbucciare le arance e sfilettare gli spicchi d'arancia, quindi spremere il succo dal resto.
2. Pulite e tritate le fragole. Togliere i semi alle mele, pere e melone e tagliarli a pezzetti. Quindi, dimezza l'uva, trita le pesche.
3. Mettere tutta la frutta in una ciotola capiente, mescolare con lo sciroppo di fiori di sambuco e il miele. La macedonia si è raffreddata per un'ora.

43. Crema di yogurt alla ricotta con macedonia

ingredienti

- 300 g yogurt (greco)
- Barattoli di crema da 250 g
- 2 cucchiai di sciroppo d'agave
- 2 cucchiai di pasta di vaniglia
- 1/2 mela
- 1/2 pera
- 60 g di mirtilli
- 15 chicchi d'uva (senza semi)
- 6 fragole
- 4cl maraschino
- 2 cucchiai di succo di limone

preparazione

1. Per la crema di cagliata e yogurt con macedonia, togliere il torsolo alla mela e alla pera e tagliarla a pezzi.

2. Tagliare a metà l'uva e tagliare a quarti le fragole. Marinare la frutta con il maraschino e il succo di limone, conservare in frigorifero per 30 minuti. Mescolare lo yogurt con la ricotta, lo sciroppo d'agave e la pasta di vaniglia.

3. Spalmare la crema di cagliata sulle ciotole da dessert e versare sopra la frutta e il succo. La crema allo yogurt con macedonia di frutta viene servita subito fredda.

44. Macedonia di frutta senza zucchero

ingredienti

- 4 mele (bio)
- 500 g uva (biologica)
- 500 g fragole (bio)
- 4 banane (biologiche, mature)
- 3 pere (bio)
- 6 cucchiai di zucchero candito (in polvere)
- 1 limone

preparazione

1. Lavate molto bene la frutta per la macedonia e tagliatela a cubetti. NON sbucciare, poiché la maggior parte delle vitamine si trova nella buccia! Metti invece tutto in una ciotola capiente e mescola bene.

2. Quindi cospargete la superficie con lo zucchero candito e mescolate ancora bene. Alla fine aggiungete il succo di limone, da un lato per evitare che la frutta diventi marrone e dall'altro per dare una certa vivacità alla macedonia.

45. Semplice macedonia di frutta

ingredienti

- 400 g di ananas (a pezzi)
- 3-4 mele (piccole)
- 1-2 pezzi di banane
- 1 pc. arancione
- 1 pezzo. Cachi
- 1-2 pezzi Kiwi

preparazione

1. Per prima cosa, metti l'ananas e il succo della lattina in una ciotola capiente per la macedonia. Quindi togliere il torsolo alle

mele e tagliarle a pezzetti e aggiungerle all'ananas.

2. Poi sbucciate gli altri frutti e tagliateli a pezzetti. (il cachi si può mangiare con la buccia)

3. Disporre e servire la macedonia di frutta.

46. Macedonia di frutta vegana

ingredienti

- 1 pc. Uva
- 2 pezzi di kiwi
- 1 mela
- 3 cucchiai di yogurt di soia

preparazione

1. Per la macedonia, mondate il pompelmo e il kiwi, lavate la mela. Tagliate poi il tutto a bocconcini e metteteli in una ciotola.
2. Aggiungere lo yogurt di soia e mescolare bene il tutto.

47. Macedonia di frutta gialla

ingredienti

- 1 pc. Mango (maturo) .
- 2 pere (gialle, mature)
- 2 mele
- 2 pezzi di banana
- 2 pesche (a polpa gialla)
- 1 limone
- 1 cucchiaio di miele (liquido)

preparazione

1. Per la macedonia, sbucciare il mango, separarlo dal nocciolo e tagliarlo a

bocconcini. Lavate le pere e le mele, privatele del torsolo e tagliatele a bocconcini.

2. Sbucciare le banane e tagliarle a pezzetti. Successivamente, lavate le pesche, privatele del nocciolo e tagliatele a pezzetti.

3. Metti la frutta tagliata in una ciotola e mescola. Spremere il limone. Mescolare il succo con il miele e spruzzare sulla frutta.

48. Macedonia di melone

ingredienti

- 300 g di anguria
- 1/2 pezzo di melone
- 1/2 pezzo di melone di zucchero
- uva
- 1 mela
- 2 pezzi di arancia (succo di esso)
- 2 cucchiai di miele
- 125 ml di acqua

preparazione

1. Per la macedonia di melone, mondate e mondate i meloni e tagliateli a cubetti.

Dimezzare l'uva. Sbucciare la mela e tagliarla a cubetti. Spremere le arance.

2. Portare a bollore l'acqua con il miele, raffreddare e versarla sui cubetti di frutta, aggiungere il succo d'arancia. Riponete in un luogo fresco e lasciate marinare per almeno 60 minuti.

49. Macedonia di kiwi

ingredienti

- 600 g di ananas
- 4 kiwi
- 2 banane
- 1 melograno
- 2 confezioni di zucchero vanigliato
- 2 cucchiai di zucchero a velo
- 3 cucchiai di limone (succo)
- 3 cucchiai di sciroppo di granatina

preparazione

1. Per l'insalata di kiwi, tagliare prima l'ananas nel senso della lunghezza in ottavi, tagliare a pezzetti la base del gambo e tagliare a pezzetti diagonalmente la polpa della buccia. Sbucciare e affettare kiwi e banane.
2. Tagliare il melograno in diagonale, raschiare i semi e il succo con un cucchiaio. Amalgamare il tutto in una ciotola. Mescolare il succo di un limone, lo zucchero a velo, lo zucchero vanigliato e la granatina con la frutta. Porta in tavola la macedonia di kiwi ghiacciata.

50. Macedonia di prugne e ananas

ingredienti

- 1 ananas
- Cointreau
- miele
- menta
- 11 prugne
- zucchero a velo

preparazione

1. Tagliare l'ananas per la macedonia di prugne e ananas. Tagliare a metà le prugne e privarle

del torsolo, tagliarle a spicchi e marinarle con Cointreau, menta e miele.

2. Aggiungere i pezzi di ananas, mescolare e disporre l'intera macedonia nell'ananas scavato. Spolverizzate di zucchero a velo e servite la susina, l'ananas e la macedonia.

51. Macedonia di frutta con melograno

ingredienti

- 1/2 melograno
- 2 mandarini
- 2 banane
- 4 prugne
- 1 mela
- 1 gamba

preparazione

1. Per la macedonia al melograno, spremi prima
   metà del melograno con uno spremiagrumi e

mettilo in una ciotola (tutto - compresi i semi avanzati dalla spremitura).

2. Spremete anche i mandarini. Tagliate le banane, aggiungetele e schiacciatele con una forchetta. Tagliate a pezzetti le prugne, la mela e il cachi e mescolateli: la macedonia con il melograno è pronta.

52. Macedonia di frutta con noci

ingredienti

- 2 pezzi di arancia
- 2 banane (mature)
- 1 mela
- 1 pera
- 2 cucchiai di noci (grattugiate)

preparazione

1. Per la macedonia, spremere le arance e
   metterle in una ciotola. Si può aggiungere
   anche la polpa (senza semi).

Successivamente, sbucciate e affettate le banane.

2. Schiacciate il succo d'arancia con una forchetta. Tritare la mela e la pera e mescolarle. Cospargere con le noci grattugiate.

53. Cocktail di frutta fresca

ingredienti

- 1 ananas (Hawaii, sbucciato)
- 4 pesche (sbucciate)
- 2 melograni (rimossi i noccioli)
- 2 mele Granny Smith (snocciolate, tagliate a dadini)
- 400 g di uva (verde e senza semi)

preparazione

1. Per il cocktail di frutta, lavate la frutta e tagliate tutto a pezzi.
2. Amalgamate la frutta e servitela insieme.

54. Macedonia di frutta alla menta

ingredienti

- 2 albicocche
- 2 pesche
- 1 pera
- 1 manciata di fragole (pulite)
- 6 foglie di menta (tagliate a listarelle)
- 3 cucchiaini di zucchero

preparazione

1. Per la macedonia alla menta, lavare le albicocche e le pesche, togliere il torsolo e tagliarle a cubetti. Lavate e tagliate a quarti la pera, privatela del torsolo e tagliatela a

cubetti. Dividere le fragole a pezzetti piacevoli, amalgamare bene il tutto.

2. Aggiungere lo zucchero e la menta e servire la macedonia con la menta fredda.

55. Insalata di anguria e pere con gamberi

ingredienti

- 190 g di gamberi (marinati)
- 2 fetta (e) di anguria
- 1 pera
- 1 goccio di aceto balsamico (rosso)
- 1/2 mazzetto di erba cipollina

preparazione

1. Tagliare l'insalata di anguria e pere con i gamberi a cubetti più grandi per l'anguria e la pera.
2. Tagliate anche l'erba cipollina a pezzetti.

3. Friggere i gamberi in una padella antiaderente per qualche minuto senza aggiungere altro grasso perché sono già marinati. Infine friggete i cubetti di anguria per circa 1 minuto e poi togliete la padella dal fuoco.

4. Unite i cubetti di pera e lasciate riposare per 1 minuto. Condite con una spruzzata di aceto balsamico, mescolate ancora e servite l'insalata di anguria e pere con i gamberi cosparsi di erba cipollina.

56. Insalata di arance e kiwi con ghiaccio

ingredienti

- 3 pezzi di arancia
- 4 pezzi di kiwi
- 100 g di frutta da cocktail
- Liquore all'arancia (a piacere)
- 1 pc. Arancia (succo di essa)
- 2 cucchiai di miele
- 1/2 limone (succo di esso)
- pistacchi (tritati)
- 120 g di gelato alla vaniglia

preparazione

1. Per l'insalata di arance e kiwi con gelato, sbucciare le arance e il kiwi e tagliarli a fettine sottili. Scolare i frutti del cocktail.

2. Mescolare la frutta e raffreddare. Raffreddare le ciotole di vetro. Mescolare il succo di arancia e limone con il liquore all'arancia e il miele, mescolare accuratamente con la frutta e far riposare in frigorifero per mezz'ora.

3. Dividere il gelato alla vaniglia in quattro parti. Mettere una porzione di gelato alla vaniglia in ciascuna delle ciotole di vetro ben fredde, coprire con la macedonia, spolverizzare con i pistacchi tritati e servire subito.

57. Composta di amarene

ingredienti

- 1 kg di amarene
- acqua
- 4 cucchiai di zucchero di canna
- 1 pizzico di zucchero vanigliato

preparazione

1. Per la composta di amarene, lavare e privare del torsolo le amarene. Mettere in una pentola capiente e riempire d'acqua fino a coprire le amarene. Aggiungere lo zucchero di canna e lo zucchero vanigliato.

2. Portare a bollore la composta e far sobbollire dolcemente per circa 5 minuti. Nel frattempo preparate i bicchieri. Versare la composta di amarene nei bicchieri, chiuderli e pulirli.

3. Quindi capovolgerlo (in modo che si possa creare il sottovuoto nei bicchieri) e coprire con una coperta (per un raffreddamento lento).

58. Ananas con un colpo

ingredienti

- 1 pezzo. Ananas 1,5 kg
- 1/8 l di panna acida
- 3 pezzi di banane
- 2 rum Stamperl (bianco)
- 50 g di gocce di cioccolato

preparazione

1. Tagliare il coperchio per l'ananas con un colpo di ananas. Tagliare quindi la polpa con un coltellino (lasciare riposare 1 cm di bordo)

e tagliare la polpa a pezzi di ca. Dimensioni 1 cm.

2. Tagliate la banana a fettine sottili e mescolatela con i pezzi di ananas e gli altri ingredienti in una ciotola e versatela nell'ananas vuoto. Coprire l'ananas con il coperchio e mettere l'ananas in frigorifero fino al momento di servire.

59. Aceto di fiori di sambuco

ingredienti

- 3/4 l di aceto
- 2 cucchiai di miele di acacia
- 3/4 di fiori di sambuco di vetro

preparazione

1. Per l'aceto di fiori di sambuco, riempi un barattolo da un litro pulito e sigillabile per 3/4 con il fiore di sambuco che è stato accuratamente strappato dagli insetti.
2. Sbatti insieme miele e aceto, versaci sopra e lascia riposare in un luogo buio per circa 4 settimane.

3. Conserva l'aceto di fiori di sambuco in un bicchiere o usalo immediatamente.

60. Budino di soia con macedonia colorata

ingredienti

- Bevanda di soia da 500 ml
- 1 bustina di budino alla vaniglia in polvere
- 2 cucchiai di zucchero
- 1 pesca
- 1 pezzo di kiwi
- 3 fragole
- 8 litchi
- 1 manciata d'uva
- 1 pezzo di lime (succo)

- 2 cucchiai di sciroppo di fiori di sambuco

preparazione

1. Per il budino di soia con macedonia colorata, cuocere il budino alla vaniglia con la bevanda di soia secondo le istruzioni sulla confezione, riempirlo in stampini da budino e conservare in frigorifero per qualche ora.
2. Tagliare la frutta a pezzetti, marinare con succo di lime e sciroppo di fiori di sambuco. Sformare il budino, disporre la macedonia intorno al budino.

61. Macedonia di frutta con anguria

ingredienti

- 150 g di lamponi
- 100 g di frutti di bosco (es. more, mirtilli)
- 2 pesche (grandi)
- 8 albicocche
- 8 prugne
- 1 limone
- 50 grammi di zucchero
- 50 ml di maraschino
- 1 anguria (media)
- Menta piperita (fresca)

preparazione

1. Per la macedonia con l'anguria, prima sbucciare, togliere il torsolo, tagliare in quarti e tagliare le pesche. Quindi, dimezza le albicocche e le prugne, elimina il torsolo e taglia a pezzi. In una ciotola sufficientemente capiente mettete i lamponi e lo zucchero e irrorate con il succo di limone e il maraschino. Raffreddare brevemente.

2. Tagliate l'anguria, tagliate la polpa a cubetti e mescolatela ai restanti frutti. Guarnire la macedonia con l'anguria alla menta piperita e portare in tavola.

62. Insalata di pere e prugne

ingredienti

- 1/2 kg di prugne
- 1/2 kg di pere
- 3 cucchiai di limone (succo)
- 2 cucchiai di sciroppo di pere
- 5 g di scaglie di mandorle
- Semi di girasole di 5 giorni
- 1/4 l di latte acido

preparazione

1. Per l'insalata di pere e prugne arrostire i semi di girasole in una padella senza grassi fino a quando non saranno fragranti. Lascia raffreddare.

2. Lavate le prugne, tagliatele a metà, privatele del torsolo e tagliate le metà a fette.
3. Mondate le pere e tagliatele a quarti, privatele del torsolo e tagliate la frutta a cubetti.
4. Irrorate i pezzi di frutta con il succo di limone.
5. Mescolare il resto del succo di limone, lo sciroppo di pere e il latte acido e unire alla frutta.
6. Cospargere l'insalata di pere e prugne con semi di girasole e mandorle a scaglie.

63. Macedonia di frutta con salsa di arachidi

ingredienti

- 1/2 melone di zucchero
- 1/2 ananas
- 1 confezione di physalis
- dell'uva (grande, senza semi)
- 3 cucchiai di burro di arachidi (croccante)
- 4 cucchiai di succo d'arancia (appena spremuto)
- 2 cucchiai di succo di lime (appena spremuto)
- 1/2 cucchiaio di zucchero a velo
- 4 stuzzicadenti

preparazione

1. Per prima cosa, per la macedonia con le arachidi, tagliare la fetta di ananas a cubetti non troppo piccoli. Successivamente, sbucciare il melone e tagliarlo anche a cubetti. Lavate l'uva.

2. Mescolare il burro di arachidi con il succo di arancia e lime appena spremuto e lo zucchero a velo per la salsa.

3. Servire la macedonia con una salsa di arachidi. Infilzare i pezzi di frutta con uno stuzzicadenti e immergerli nella salsa.

64. Macedonia di frutta al cocco con ghiaccio

tritato

ingredienti

- 1 cocco
- frutta mista a piacere (papaia, ananas, mango)
- Cubetti di fagioli azuki (o cubetti di agar-agar)
- 1,5 cucchiai di sciroppo d'acero
- Zucchero di canna a piacere
- 3,5 cucchiai di latte di cocco denso
- 4 tazza (i) di ghiaccio tritato finemente
- Cannella a piacere

preparazione

1. Per prima cosa, apri il cocco. Per fare questo, fai 2 o 3 fori nella noce di cocco nei punti bui (fossette) sotto la barba con un martello e un chiodo. Mettere un colino su una casseruola, aggiungere il cocco e far scolare l'acqua di cocco. (Se necessario, forare le aperture più in profondità con un cavatappi.) Quindi mettere il cocco nel forno preriscaldato a 180 gradi per ca. 20 minuti e rimuoverlo di nuovo. Colpiscilo forte con un martello e apri la noce di cocco. Sciogliere la polpa e tagliarla a cubetti. Tagliate anche i restanti frutti a cubetti molto piccoli e amalgamate il tutto. Mescolare l'acqua di cocco con il latte di cocco, lo sciroppo d'acero e lo zucchero di canna e versare sulla frutta. Mescolare delicatamente. Unite il ghiaccio tritato molto finemente e servite.

65. Gelato con salsa di fagioli e macedonia

ingredienti

- 8 manciate di albumi (o ghiaccio tritato)
- Pasta di fagioli (rossa)
- 250 ml di sciroppo di zucchero
- 3 cucchiai di amarene (per guarnire)
- Per la macedonia di frutta:
- Frutta (es. pesca, fragole, a piacere)
- Succo di limone
- zucchero

preparazione

1. Mescolare la pasta di fagioli con lo sciroppo di zucchero per il gelato con salsa di fagioli e macedonia. Per prima cosa, versa un po' di

neve ghiacciata in un bicchiere da vino.
Quindi, adagiamo sopra un cucchiaino di
pasta di fagioli e un cucchiaio di macedonia.
Decorate con amarene e servite.

66. Macedonia di frutta e formaggio

ingredienti

- 3 pezzi albicocche
- 1/2 ananas
- 1 mela (grande)
- 300 g Gouda
- 250 ml di panna montata
- 3 cucchiai di succo di ananas
- Succo di limone
- 2 cucchiaini di senape (calda)
- sale
- Pepe
- insalata verde (per guarnire)

preparazione

1. Per la macedonia di formaggio, tagliate la frutta a spicchi e cubetti e il formaggio a fette.
2. Preparare una marinata con panna montata, succo di limone, succo di ananas, senape, sale e pepe e versare sopra la frutta e il formaggio. Mescolate bene il tutto e lasciate intiepidire un po'.
3. Disporre il formaggio finito e la macedonia sulle foglie di lattuga e servire.

67. Macedonia di frutta con condimento di frutta

ingredienti

Per il condimento:

- 3 kiwi
- 2 pere (sbucciate)
- Per l'insalata:
- 2 banane
- 2 mandarini
- 150 g uva (blu e bianca; senza semi)
- 1 kiwi
- 1 pera
- 1 mela
- 1 manciata di noci (o nocciole)
- 4 cucchiai di zucchero

preparazione

1. Per la macedonia con condimento alla frutta, preparate una macedonia dai frutti.
2. Sbucciare e tagliare a quarti la mela e la pera, togliere il torsolo e tagliare di nuovo i pezzi di frutta.
3. In una piccola casseruola cuocete a vapore i pezzi di mela e pera con un po' d'acqua e 1 cucchiaio di zucchero fino al dente.
4. Sbucciare e affettare kiwi e banane, lavare l'uva, pizzicare i gambi.
5. Sbucciare i mandarini e dividerli a spicchi, tritare grossolanamente le noci.
6. Mescolare bene la frutta in una ciotola capiente.
7. Per il condimento, sbucciate i kiwi e le pere. Eliminate il torsolo dalle pere e mettete la frutta in un boccale alto.
8. Frullate con 3 cucchiai di zucchero con un frullatore a immersione.
9. Versare il condimento sulla frutta e servire la macedonia con condimento alla frutta cosparso di noci tritate.

68. Macedonia di frutta al forno con gratin freddo

ingredienti

- 500 g di quark
- 250 ml di panna montata
- 1 banana (a fette)
- 10 fragole (a cubetti)
- 10 chicchi d'uva (bianchi, dimezzati)
- 1 pizzico di zucchero
- 1 confezione croccante
- 1 confezione di scaglie di mandorle
- 1 bustina di zucchero vanigliato

preparazione

1. Per la macedonia, distribuite i frutti in una ciotola. Mescolare il quark con la panna montata e aggiungere lo zucchero. Versate il composto sulla frutta e livellate il tutto.

2. Mescolare le scaglie di mandorle, il croccante e lo zucchero vanigliato e cospargere bene la superficie. Mettere in frigorifero per almeno 60 minuti.

69. Macedonia di frutta con quinoa croccante

ingredienti

- 40 g di quinoa
- 0,5 cucchiaini di olio di germe di grano
- 3 cucchiaini di sciroppo d'acero
- 125 ml di latticello
- 2 albicocche
- 200 g di frutti di bosco (misti)

preparazione

1. Per le donne in gravidanza e in allattamento: muesli abbondante
2. La quinoa, grani simili a cereali originari dell'America centrale, sono estremamente preziosi per il loro alto contenuto di

proteine, ferro e calcio. Sono minuscoli e hanno un sapore molto delicato. Simile a Kukuruz, puoi "farli scoppiare". Ma assicurati che non diventino troppo scuri. Puoi completare l'insalata con una pallina di gelato alla vaniglia per dessert.

3. Coprire la quinoa in una padella con olio e scaldare a fuoco basso fino a quando non scoppia. Dopo 1 o 2 minuti, aggiungere un terzo dello sciroppo d'acero e tostare brevemente, versare su una tavola fredda e spalmare. Mescolare il latticello con il resto dello sciroppo, trasferire in una ciotola. Sciacquare la frutta, pulire i frutti di bosco, tagliare le albicocche a spicchi. Distribuire entrambi in modo uniforme nel latticello. Quindi cospargere la quinoa raffreddata sopra.

4. La quinoa scoccata può anche fare un ottimo gelato: congelare un quarto di litro di latticello. Tirare fuori dal congelatore e mescolare con 50 g di miele e 1 pizzico di vaniglia in polvere fino a ottenere una crema. Quindi, montare 0,2 litri di panna montata e incorporare rapidamente nel latticello. Infine, mantecate con la quinoa raffreddata

- preparata come descritto sopra - e congelate in congelatore per almeno 6 ore. Mettere in frigorifero 30 minuti prima di mangiare. Portare in tavola frutta fresca o eventualmente panna montata semidura.

70. Macedonia di frutta con sciroppo di chachacha

ingredienti

Sciroppo di menta Chachacha:

- 100 g di zucchero
- 200 ml di acqua
- 200 ml di arance (succo)
- 3 mentine
- 2 chiodi di garofano
- 6 cucchiai di chachacha; Grappa bianca di canna da zucchero

Macedonia:

- 1 mango 650 g
- 1 papaia 450 g
- 1 ananas 1,5 kg
- 4 tamarillo
- 3 arance
- 250 g eserciti di terra
- 125 g di ribes
- 1 frutto della passione
- 3 mentine

preparazione

1. Per lo sciroppo, far bollire lo zucchero con 200 ml di acqua, il succo d'arancia e i gambi di menta in modo sciropposo. Unite i chiodi di garofano e fate raffreddare. Aggiungi chachacha e lascia raffreddare.

2. Rimuovere la buccia dal mango, dalla papaia e dall'ananas per l'insalata. Tagliate la carne di mango dalla pietra. Tagliate a metà la papaia ed eliminate i semi con un cucchiaio. Tagliare in quarti l'ananas e togliere il gambo. Tagliate la frutta a pezzetti. Tagliate il tamarillo sul gambo, mettetelo in acqua bollente per 1 minuto, spegnete e sbucciate. Tagliate la frutta a fette spesse 1/2 cm. Eliminare la buccia bianca delle arance dalla buccia e togliere i filetti tra le bucce di separazione. Lavate, scolate, tagliate a metà o tagliate a quarti le fragole. Sciacquare il ribes, scolarlo. Tagliate a metà il frutto della passione.

3. Rimuovere la menta e i chiodi di garofano dallo sciroppo. Mescolare la frutta con lo sciroppo, marinare per 10 minuti. Prendete le

foglie di menta e cospargetele sulla macedonia.

71. Macedonia di frutta con salsa al liquore

ingredienti

- 2 banane
- 2 mele
- 2 cucchiai di limoni (succo)
- 125 g di uva
- 2 arance
- 4 albicocche
- 2 cucchiai di zucchero

Per la salsa al liquore:

- 1 confezione di panna fresca (da 150 g)

- 3 cucchiai di Gran Marnier
- 30 g di nocciole

preparazione

1. Togliere la buccia alle banane e tagliarle a fettine. Togliere la buccia alle mele, tagliarle in quarti, il torsolo e tagliarle a pezzetti. Irrorate entrambi gli ingredienti con il succo di limone. Sciacquare l'uva, scolarla bene, privarla del torsolo, tagliarla a metà e privarla del torsolo. Eliminate la buccia, eliminate la buccia bianca e tagliate a pezzi le arance. Mondate le albicocche, tagliatele a metà, privatele del torsolo e tagliatele a spicchi. Mescolare gli ingredienti con lo zucchero e formare in una ciotola.

2. Per la salsa al liquore, mantecare la crème fraîche con il Grand Marnier, tagliare a fettine i grani di nocciola, incorporare e versare la salsa sullo stampo per frutta.

72. Macedonia di frutta mediterranea

ingredienti

- 3 melograni
- 3 arance
- 3 pompelmi (rosa)
- 4 fichi
- cardamomo
- 15 giorni di zucchero
- 1/4 l di succo di frutta, raccolto (altrimenti aggiungere il succo d'arancia)

preparazione

1. Per la macedonia mediterranea, sfilettare le arance e il pompelmo: togliere la buccia, compresa la buccia bianca interna, raccogliendo il succo. Quindi staccare gli

spicchi di frutta dalla membrana sottile e raccogliere il succo.

2. Eliminate i semi dai melograni.

3. Lavate accuratamente i fichi e tagliateli a fettine.

4. Sciogliere lo zucchero (senza grasso) in un pentolino e farlo rosolare (caramellare).

5. Versare il succo raccolto, condire con il cardamomo e lasciare raffreddare.

6. Aggiungere la frutta, mescolare accuratamente e lasciare marinare la macedonia mediterranea per almeno 3 ore.

73. Cialde di grano saraceno con macedonia

ingredienti

- 80 g di burro
- 75 g miele di acacia
- 2 uova
- 0,5 baccello di vaniglia (polpa)
- 90 g di farina di grano saraceno
- 80 g di farina integrale
- 1 cucchiaino di lievito in polvere (tartaro)
- 150 ml di acqua minerale
- 100 g di ricotta
- 50 g yogurt (al naturale)
- 1 cucchiaio di sciroppo d'acero
- 1 mela

- 1 pera
- 250 g di frutti di bosco
- Limoni (succo)
- 1 zenzero in polvere

preparazione

1. I tipi di farina integrale hanno un sapore particolarmente buono nei waffle appena sfornati. Vanno anche con poco grasso. In breve: una sana merenda fuori pasto.

2. Mescolare il burro con il miele fino a ottenere una crema. Unire le uova e la polpa di vaniglia. Mescolare entrambi i tipi di farina con il lievito. Unire il composto al composto di uova. Aggiungere abbastanza acqua minerale per ottenere un impasto viscoso. Mettere a bagno l'impasto per almeno 15 minuti. Se necessario, aggiungere altra acqua minerale e poi cuocere i waffle da 2 a 3 cucchiai fino a quando l'impasto non sarà fuso. Mescolare la ricotta con lo yogurt fino a ottenere un composto omogeneo e addolcire con metà dello sciroppo d'acero. Sciacquare la mela, la pera e i frutti di bosco. Tagliare in quarti la mela e la pera, togliere il torsolo e tagliarle a cubetti.

Irrorate i cubetti con un po' di succo di limone. Selezionare le bacche e mescolare con l'altra frutta. Condire la macedonia con il resto dello sciroppo d'acero e la polvere di zenzero. Spalmate un po' di ricotta tra due cialde che "

3. Se in casa non avete farina di grano saraceno potete usare solo farina integrale.

74. Muesli con macedonia di frutta esotica

ingredienti

- 1 ananas
- 1/2 melone Charentais
- 1 mango
- 1 kiwi
- 1 papaia
- 8 fragole
- Farina d'avena integrale
- Fiocchi di grano integrale
- fiocchi di mais
- Grani di nocciola
- Noci
- latte
- Yogurt
- Strati di formaggio

preparazione

1. Togliere la buccia alla frutta (a seconda della stagione e del gusto), togliere i noccioli, tagliare a dadini e mescolare. Portare in tavola gli ingredienti del muesli in ciotoline a piacere e portarli con i latticini e la macedonia. A piacere potete addolcire il tutto con miele o zucchero.

2. Suggerimento: usa uno yogurt naturale cremoso per un risultato ancora più fine!

75. Macedonia di frutta asiatica con spaghetti

di vetro

ingredienti

- 1 arancia
- 1 pacchetto di piselli
- 1 confezione di tagliatelle di vetro
- miele
- Foglie di menta
- 12 litchi
- 0,5 peperoni
- zucchero

preparazione

1. Un ottimo piatto di pasta per ogni occasione:
2. Amalgamare i mezzi peporoni tritati e le tagliatelle di vetro cotte nello zucchero. Adagiate sopra l'arancia sfilettata e guarnite con una foglia di menta.

76. Macedonia di frutta piccante

ingredienti

- 1/2 anguria (preferibilmente senza semi)
- 1 pc. Mango (morbido)
- 250 g di fragole
- 150 g di feta
- Aceto balsamico (fondente, qb)
- Pepe (macinato fresco, colorato, a piacere)

preparazione

1. Per la macedonia piccante, tagliate il tutto a
   pezzetti e disponetelo su un piatto grande.

77. Melone con litchi e ananas

ingredienti

- 1 pezzo di melone di zucchero (grande o 1/2 anguria)
- 1 dose (i) di litchi
- 400 g di ananas (o fragole, fresche)
- 5 cucchiai di zenzero (in scatola)
- Un paio di cucchiai di liquore alla frutta

preparazione

1. Per il melone con litchi e ananas, ritagliare e svuotare il melone per riempire la macedonia finita nelle ciotole.
2. Tagliate a dadini la polpa del melone, se necessario tagliate a dadini anche gli altri frutti. Versate il liquore sulla frutta, se vi piace.
3. Tritare finemente i pezzi di zenzero e mescolare il tutto. Raffreddare per diverse ore.
4. Prima di servire, versare la frutta in metà della buccia del melone e servire il melone con litchi e ananas.

78. Uova e macedonia

ingredienti

- 4 uova
- 300 g di spicchi di pera
- 400 g di spicchi di mela
- 0,3 kg di yogurt
- 2 fette di pane integrale (tagliato finemente a dadini)
- 2 cucchiai di limone (succo)
- 2 cucchiai di miele

preparazione

1. Bollire le uova per l'uovo e la macedonia per 10 minuti, sciacquarle e sbucciarle.
2. Separare l'albume e il tuorlo d'uovo. Tritare finemente gli albumi.
3. Mescolare i tuorli con lo yogurt per la salsa e condire con il succo di limone. Scaldare il miele e glassare i cubetti di pane integrale.
4. Disporre gli spicchi di mela e pera sui piatti. Versarvi sopra l'albume tritato e la salsa allo yogurt e cospargere l'uovo e la macedonia con i cubetti di pane integrale.

79. Insalata di pere e uva

ingredienti

- 2 pere
- 15 giorni uva blu (senza semi)
- 15 g di uva bianca (piccola, senza semi)
- 5 giorni di nocciole

Salsa:

- 100 ml di succo d'uva (rosso)
- 1 cucchiaio di succo di limone
- 3 cucchiai di miele (o zucchero)
- 1 cucchiaio di grappa

preparazione

1. Disporre le nocciole su una teglia per l'insalata di pere e uva a ca. 120°C fino a quando non saranno fragranti. Strofinare il guscio con uno strofinaccio il più caldo possibile e tritare le noci.
2. Lavate l'uva, strappatela dalle vigne e se necessario tagliatela a metà.
3. Mondate le pere e tagliatele a dadini, privatele del torsolo e tagliate a dadini la frutta. Irrorate subito con il succo di limone per evitare che i pezzi diventino marroni.
4. Mescolare il succo d'uva con il miele (zucchero) e la grappa e condire a piacere.
5. Mescolare la frutta e spruzzare con il succo.
6. Servire l'insalata di pere e uva cosparsa con le nocciole tritate.

80. Macedonia di frutta con campari

ingredienti

- 2 pompelmi (rosa)
- 3 arance
- 1 pera
- 1 mela
- 3 Campari
- 1 bustina di zucchero vanigliato

preparazione

1. Per la macedonia con Campari, sfilettate il pompelmo e 2 arance: privatele della buccia, compresa la buccia bianca interna,

raccogliendo il succo. Quindi staccare gli spicchi di frutta dalla membrana sottile e raccogliere il succo.

2. Spremere il resto dell'arancia.
3. Sbucciare e tagliare a quarti la mela e la pera, togliere il torsolo e tagliarle a pezzi.
4. Mescolare il succo di arancia e pompelmo, il Campari e lo zucchero vanigliato fino a quando lo zucchero non si sarà sciolto.
5. Mescolare la frutta in una ciotola e versarvi sopra il succo.
6. Raffreddare la macedonia con Campari e lasciarla in infusione per un'ora.

81. Condimento agrodolce

ingredienti

- 2 cipolle (medie)
- 250 ml di succo di ananas
- 100 ml di aceto
- 3 gocce di tabasco
- 3 cucchiai di zucchero (marrone)
- 3 cucchiai di marmellata di ananas
- Pepe (macinato fresco)

preparazione

1. Sbucciare le cipolle per il condimento agrodolce e tritarle molto finemente.
2. Sciogliere lo zucchero con il succo di ananas a fuoco medio. Successivamente, aggiungere

le cipolle e scaldare. Infine aggiungete il tabasco, il pepe, la marmellata e l'aceto.

3. Se necessario, diluire il condimento agrodolce con un goccio d'acqua.

82. Crema di zabaione

ingredienti

- 2 tuorli d'uovo
- 50 grammi di zucchero
- 20 g di amido di mais
- 100 ml di latte ((1))
- 150 ml di latte ((2))
- 1 baccello di vaniglia
- 150 ml di panna (panna montata a ridotto contenuto di grassi)
- 100 ml di liquore all'uovo

preparazione

1. Per la crema di zabaione, mescolare mais, zucchero, tuorlo d'uovo e latte in una terrina fino a formare una crema liscia.

2. In una padella, tirate su il latte e le fette a fette per il lungo baccello di vaniglia con i semi raschiati e lasciare in infusione per 10 minuti. Quindi rimuovere il baccello di vaniglia.

3. Portare di nuovo a bollore il latte alla vaniglia e versarlo sul ghiaccio, mescolando continuamente. Rimettete il tutto nella padella e scaldate, mescolando, fino a quando la crema inizia ad addensarsi. Versare subito un colino in una ciotola adatta e mettere della pellicola sulla crema in modo che non si formi la pelle quando si raffredda. Lasciar raffreddare per almeno 120 minuti.

4. Poco prima di servire, montare a neve ben ferma la panna montata a ridotto contenuto di grassi. Unire lo zabaione alla panna, quindi incorporare la panna montata. Riempite la crema di liquore all'uovo nelle coppette e spolverizzate con un batuffolo di panna o

eventualmente di frutta candita grattugiata a piacere.

83. Semifreddo all'uva blu con insalata di arance e uva

ingredienti

Perfetto:

- 500 g di uva blu aromatica
- 75 grammi di zucchero; a seconda della dolcezza dell'uva
- 100 ml di succo d'arancia (appena spremuto)
- 100 g di zucchero
- 4 tuorli d'uovo
- 500 ml di panna montata

Macedonia:

- 200 g di uva
- 200 g di uva
- 2 arance; sfilettato

- 2 cucchiai di liquore all'arancia
- 4 cucchiai di mandorle (fiocchi)

preparazione

1. Mettere l'uva, lo zucchero e il succo d'arancia in una casseruola per il semifreddo. Scaldare mescolando fino a quando l'uva non scoppia. Schiacciare l'uva il più possibile. Passate il tutto al setaccio, raccogliete il succo e lasciate raffreddare.

2. Sbattere i tuorli con lo zucchero e 50 ml di succo d'uva a bagnomaria fino a ottenere un composto spumoso e cremoso, quindi sbatterli in acqua fredda. Unire il resto del succo d'uva. Montare la panna montata a neve e incorporare. Mettere il tutto in un barattolo di plastica richiudibile e congelare per una notte.

3. Per la macedonia, lavate, dimezzate e privateli del torsolo. Successivamente, sfilettate le arance, raccogliendo il succo. Mescolare il succo con il liquore all'arancia e marinare brevemente le metà dell'uva ei filetti d'arancia.

4. Per servire, adagiate su un piatto le palline di semifreddo all'uva, accanto ad esso un po' di

insalata di uva e arance. Cospargete la lattuga con scaglie di mandorle tostate.

84. Terrina di formaggio con noci

ingredienti

- 100 g di noci (tritate)
- 200 g di mascarpone
- 2 uova
- 2 tuorli d'uovo
- Calvados da 30 ml
- 50 g di carote
- 2 pere
- 20 g di zucchero
- 20 ml di ciliegia

preparazione

1. Mescolare le noci con il mascarpone, le uova, i tuorli e il calvados e metterli in una pirofila. Poi infornate a 200°C per una buona mezz'ora. Per la macedonia, mondate e grattugiate le carote e le pere. Quindi mescolare con lo zucchero e la ciliegia. Infine, aprite la terrina di formaggio e portatela in tavola con l'insalata.

85. Insalata di broker

ingredienti

- 2 cucchiai di miele
- 8 mentine (foglie)
- 1/2 confezione di pinoli
- zucchero a velo
- 2 limoni (il succo di esso)

preparazione

1. Per l'insalata di nespole, mondate e private del torsolo le nespole, tagliatele a pezzetti e conditele con un po' di miele e succo di limone. Unire metà dei pinoli.

2. Quindi mettere in un bicchiere da dessert. Cospargete la superficie dei restanti pinoli, spolverizzate con zucchero a velo e decorate l'insalata di nespole con foglie di menta.

86. Condimento alla francese

ingredienti

- 0,5 mazzi di cerfoglio
- 0,5 mazzi di dragoncello
- 2 foglie di levistico (fresco)
- 2 rametti di prezzemolo
- 1 cucchiaino di sale
- 0,5 cucchiaini di sale di sedano
- 1 uovo (sodo)
- 4 cucchiai di olio
- 1 cucchiaino di senape (calda)
- 6 cucchiai di aceto
- 1 pezzo di quark colmo
- 2 cucchiai di maionese
- 4 cucchiai di panna montata (fresca)

preparazione

1. Dopo il raffreddamento, sciacquare le erbe aromatiche, sbucciarle grossolanamente ed eliminare i gambi. Frullate le foglie con il sale e il sale di sedano fino a ottenere una purea (o purea 1/2 cucchiaino ciascuno di cerfoglio essiccato e dragoncello) e un bel pizzico di levistico essiccato con il prezzemolo fresco, sale e 1 goccia d'acqua e lasciate per 2 ore).

2. Togliere l'uovo dal guscio e modellare il tuorlo in una purea di erbe. Aggiungere gli altri ingredienti. Sbattere il tutto con la frusta fino ad ottenere un composto liscio ma non cremoso. Tagliare l'albume a pezzetti e unire alla fine.

3. Se ti piace, puoi aggiungere 1-2 cucchiai di ketchup all'americana.

4. Il sugo è adatto per insalate di carne, insalate di salsiccia, verdure fredde come pomodori, cavolfiori, asparagi, cuori di carciofi, per prosciutto cotto e uova sode.

5. Insalata di sedano, cotto, scampi, avocado, cicoria, condimento, macedonie, affettati, lingua, salsiccia

87. Insalata di aringhe alla frutta

ingredienti

- 8 pezzi di filetti di aringa (doppio, leggermente sottaceto)
- 2 arancioni
- 1 pc. Mango (maturo)
- Per la marinata:
- 1 mazzetto di aneto
- 1 arancia
- 1 pizzico di zucchero
- Pepe
- sale

- 2 cucchiai di panna montata
- 150 g di crème fraîche
- 100 ml di panna montata (montata a neve)

preparazione

1. Tagliare i filetti di aringa a pezzi lunghi 2-3 cm.

2. Sbucciare e tagliare a quarti due arance e tagliarle a spicchi spessi. Sbucciate il mango e tagliate a cubetti la polpa dalla pietra. Mettere da parte un po' di frutta per la guarnizione. Mescolare i restanti pezzi di frutta con i pezzi di aringa.

3. Per prima cosa, la marinata strappa le bandiere all'aneto, prendendo circa 2 cucchiai per la guarnizione. Spremere l'arancia. Mescolare il succo d'arancia con lo zucchero, il pepe, il sale, il rafano e la crème fraîche. Unire la panna montata e infine incorporare l'aneto.

4. Mescolare la miscela di frutta e pesce con la marinata e lasciarla in infusione. Guarnire l'insalata di aringhe con il resto della frutta e le bandierine di aneto prima di servire.

88. Gelato con salsa di fagioli e macedonia

ingredienti

- 8 manciate di albumi (o ghiaccio tritato)
- Pasta di fagioli (rossa)
- 250 ml di sciroppo di zucchero
- 3 cucchiai di amarene (per guarnire)
- Per la macedonia di frutta:
- Frutta (es. pesca, fragole, a piacere)
- Succo di limone
- zucchero

preparazione

1. Mescolare la pasta di fagioli con lo sciroppo di zucchero per il gelato con salsa di fagioli e macedonia. Per prima cosa, versa un po' di

neve ghiacciata in un bicchiere da vino.
Quindi, adagiamo sopra un cucchiaino di
pasta di fagioli e un cucchiaio di macedonia.
Decorate con amarene e servite.

89. Riso alla fragola su insalata di frutta

Ingredienti per 2 porzioni

- 500 g di frutta fresca (a piacere)
- 0,5 tazze di panna montata
- 3 cucchiai di fragole Mövenpick
- 5 gocce di succo di limone

preparazione

1. Lavate, mondate e tagliate a cubetti la frutta, adagiatela su un piatto e bagnatela con il succo di limone.
2. Mettere il gelato alla fragola sulla macedonia.
3. Guarnire con panna montata e coni gelato.

90. Macedonia di frutta con avocado e yogurt

ingredienti

- 1 mela
- 1 avocado
- 1/2 mango
- 40 g di fragole
- 1/2 limone
- 1 cucchiaio di miele
- 125 g di yogurt naturale
- 2-3 cucchiai di scaglie di mandorle

preparazione

1. Per prima cosa, per la macedonia con avocado e yogurt, lavate la mela, privatela del torsolo e tagliatela a dadini. Quindi, privare del torsolo l'avocado e il mango e anche tagliarli a cubetti. Lavate le fragole e tagliatele a metà. Infine, apri il limone ed estrai il succo dalla metà.

2. Amalgamare bene lo yogurt naturale e il miele. Versare gli ingredienti tagliati in una ciotola più grande e incorporare il composto di miele e yogurt. La macedonia con avocado e yogurt, spolverizzare con le mandorle e servire.

91. semplice macedonia di frutta

ingredienti

- 1/2 papaia tritata
- 1/2 melone tritato
- 1 mela grande tritata
- 2 banane
- 3 succo d'arancia

preparazione

1. Lavate bene tutta la frutta. In caso di dubbio, leggi il nostro articolo su come disinfettare correttamente frutta e verdura.
2. Eliminate la buccia e i semi della papaia.

3. Tagliare a quadratini.
4. Eliminate la buccia e i semi dal melone.
5. Tagliare a quadratini.
6. Tagliate a metà le banane e poi tagliatele a quadratini.
7. Spremere le arance per estrarre il succo, filtrare per eliminare i semi e mettere da parte.
8. Tagliate la mela ed eliminate solo il torsolo. Tieni la ciotola.
9. Mescolare delicatamente tutta la frutta tranne la banana in una ciotola capiente.
10. Irrorate il composto con il succo d'arancia.
11. Estrarre il frigorifero per circa 30 minuti.
12. Aggiungere le banane poco prima di servire.

92. macedonia di frutta tradizionale

ingredienti

- 2 scatole di fragole
- 1 affettato papaia senza buccia né semi
- 5 affettati arance
- 4 mele
- 1 ananas
- 5 banane tritate
- 3 lattine di latte condensato (può essere senza lattosio)
- 3 creme (possono essere senza lattosio)

preparazione

1. Lavate bene i frutti.
2. Eliminate tutti i baccelli e i semi.
3. Affettate l'ananas e poi tagliatelo a cubetti.
4. Tagliate le mele a quadratini.
5. Tagliate le banane a fette leggermente più spesse e tenetele da parte.
6. Tagliare a fette la papaya sbucciata e i semi.
7. Metti tutta la frutta in una ciotola capiente.
8. Aggiungere il latte condensato e la panna e mescolare delicatamente in modo che la frutta non si spezzi.
9. Raffreddare per 1 ora.
10. Servire freddo!

93. macedonia cremosa

ingredienti

- 4 mele
- 4 kiwi
- 3 banane d'argento
- 1 papaia grande
- 1 scatola di fragole
- 1 lattina di pesca sciroppata
- 1 lattina di panna acida
- 1 lattina di latte condensato

preparazione

1. Lavate tutta la frutta.

2. Eliminare i semi e il nocciolo da mele, kiwi, papaia e foglie di fragola.
3. Tagliate tutta la frutta a quadratini.
4. Mescolare delicatamente la frutta in una ciotola.
5. Montare la panna e il latte condensato con le fruste elettriche o con l'aiuto di un fouet fino ad ottenere una pasta cremosa.
6. Aggiungere la pasta montata alla frutta e mescolare ancora un po'.
7. Aggiungere la pesca sciroppata, anch'essa tritata finemente. Goditi un po' di sciroppo per insaporire e inumidire l'insalata.
8. Versare il resto della panna e la pasta di latte condensato sul composto finito.
9. Mettere in un luogo fresco e lasciar riposare per circa 1 ora.
10. Servitela fredda!

94. Macedonia di frutta con latte condensato

ingredienti

- 5 mele
- 5 banane
- 3 arance
- 15 acini d'uva dimezzati senza semi
- 1 papaia
- 1/2 melone
- 4 guaiave
- 4 pere
- 6 fragole
- 1 lattina di latte condensato

preparazione

1. Lavate bene i frutti.
2. Prenotazioni.
3. Eliminate semi e baccelli, steli e foglie.
4. In una ciotola, tagliate a quadratini tutta la frutta.
5. Mescolate delicatamente fino a quando il tutto non sarà omogeneo.
6. Aggiungere il latte condensato e mettere in frigo per circa 1 ora.
7. Servire freddo o a temperatura ambiente.

95. Macedonia di frutta con panna acida

ingredienti

- 3 banane
- 4 mele
- 1 papaia piccola
- 2 arance
- 10 fragole
- 15 chicchi d'uva a tua scelta
- 1 lattina di panna (può essere senza lattosio)
- 1/2 tazza di zucchero (facoltativo)
- Un consiglio aggiuntivo: potete addolcirlo con un po' di miele se vi piace.

preparazione

1. Lavate bene i frutti.
2. Eliminate i baccelli e i semi.
3. Tagliateli a pezzetti, preferibilmente quadrati.
4. Metti i frutti in una ciotola.
5. Tagliate tutta la frutta a pezzetti e mettetela da parte in una ciotola.
6. Sbattere la panna (con lo zucchero se lo si desidera) in un frullatore per circa 1 minuto.
7. Versate la panna montata nella ciotola con i frutti e mescolate delicatamente fino a quando tutto sarà ben amalgamato.
8. Mettere in un luogo fresco e servire freddo.

96. Macedonia di frutta abbinata

ingredienti

- 1 tazza di more
- 4 arance piccole
- 1 tazza di tè alla fragola
- 1/2 tazza di tè all'uva di la tua scelta
- 1 cucchiaino di miele
- 2 cucchiai di succo d'arancia naturale;
- 1/4 di vasetto di yogurt greco

preparazione

1. Disinfetta tutta la frutta.
2. Eliminate la buccia e i semi (tranne l'uva).

3. Metti tutta la frutta e lo yogurt greco in una ciotola.
4. Mescolare delicatamente fino a quando tutto è amalgamato.
5. Versare il miele sulla macedonia e conservare in frigorifero.
6. Tira fuori e servi!

97. Macedonia di frutta gourmet

ingredienti

- 1/2 papaia
- 1/2 tazza di tè alla fragola
- 1 arancia
- 1 mela
- Miele, da assaggiare

Per la salsa:

- 2 cucchiai di succo d'arancia
- 1/2 vasetto di yogurt intero intero (può essere senza lattosio)
- 4 foglie di menta tritate

preparazione

1. Dopo aver disinfettato tutti i frutti, eliminate la buccia, i semi e le foglie.
2. Tagliare a quadratini e metterli in una ciotola capiente.
3. In un altro contenitore, unire lo yogurt, il succo d'arancia e le foglie di menta.
4. Versare la salsa nella ciotola della frutta, mescolare delicatamente.
5. Dividere la macedonia in ciotoline e conservare in frigorifero.
6. Servire con foglie di menta e miele per decorare.

98. Macedonia di frutta con salsa allo yogurt

ingredienti

- 500 g di fragole
- 2 cucchiai di zucchero
- 0,5 charantais o melone
- 200 g di prugne pe blu e gialle
- 4 cucchiai di succo di lime (o succo di limone)
- 1 tazza (236 ml) di ananas a fette
- 150 g di yogurt alla crema
- 1 bustina di zucchero vanigliato
- Forse un po' di menta fresca

preparazione

1. Lavate e mondate le fragole e tagliatele a metà o in quarti a seconda della grandezza. Cospargere di zucchero in una teglia. Coprire e disegnare per circa 15 minuti.

2. Sbucciare il melone e tagliarlo a spicchi. Tagliare la carne dalla pelle. Sciacquare le prugne e tagliarle a spicchi dal nocciolo. Irrorare con succo di lime o limone. Mescolare gli ingredienti preparati.

3. Per la salsa di ananas, tagliare a cubetti tranne 1 fetta e macinare con il succo. Unite lo yogurt e lo zucchero vanigliato. Sulla forma della macedonia.

4. Tagliate a cubetti il resto dell'ananas. Tritate la menta se vi piace. Cospargete entrambi sulla lattuga.

99. Macedonia di frutta con salsa allo yogurt

alla vaniglia

ingredienti

Frutta:

- 2 mele
- 1 banana
- Succo di 1/2 limone
- 2 arance

Salsa:

- 1 albume d'uovo
- 2 cucchiai di zucchero
- 1 baccello di vaniglia
- 75 g di yogurt

- 1 tuorlo d'uovo
- 100 g di panna montata

preparazione

1. Tagliate le mele a spicchi, affettate la banana e irrorate con il succo di un limone. Tagliate le arance a pezzetti. Distribuire la frutta in modo uniforme su quattro piatti.
2. Montare a neve ferma l'albume, spolverizzare con lo zucchero per la salsa. Baccello di vaniglia. Raschiare, mescolare con lo yogurt e il tuorlo d'uovo. Montare la panna montata a neve, incorporare con l'albume. Alla forma di frutta.

100. Macedonia di frutta veloce

ingredienti

- 1 mela (media)
- 1 banana
- 1 manciata d'uva
- alcune fragole
- alcune ciliegie (snocciolate)
- 1 lattina (i) di cocktail di frutta
- Limone
- Zucchero di canna (se necessario)

preparazione

1. Per la macedonia veloce, lavare, tagliare e togliere il torsolo alla frutta se necessario. Irrorate le banane con il succo di limone per evitare che diventino marroni.
2. Mettere il tutto in una ciotola con il cocktail di frutta e condire con zucchero di canna e zucchero vanigliato.

CONCLUSIONE

Le macedonie dovrebbero essere incluse in qualsiasi dieta per prevenire il cancro e le malattie cardiache. Di conseguenza, le persone avranno più energia da esercitare e lavoreranno per ridurre la quantità di sodio e colesterolo nel sangue. Le macedonie sono un pasto sano che può essere consumato come spuntino o sostitutivo del pasto e dovrebbe essere incluso nella dieta di tutti.